LE CARNAVAL DE VENISE,

BALLET

REPRESENTE' PAR L'ACADEMIE
Royale de Musique l'an 1699.

Les Paroles sont de Monsieur Renard
Et la Musique de Monsieur Campra.

A DIJON,

Chez ARNAÜLD-JEAN-BAPTISTE AUGÉ, Imprimeur
de l'Academie de Musique, Place des Jesuites.

M. DCC XXXII.
Avec permission.

PERSONAGES
DU PROLOGUE.

UN ORDONNATEUR.
MINERVE.
Un Suivant de la danse.
Un Suivant de la Musique.
Chœur d'Ouvriers.
Troupe de Genies qui président aux Arts.

ACTEURS
DU BALLET.

LEANDRE, Cavalier François, amoureux d'Isabelle.
ISABELLE, Venitienne, amante de Leandre.
LEONORE, Venitien, amante de Leandre.
RODOLPHE, Noble Venitien, amoureux d'Isabelle.
Troupe de Bohemiennes, d'Armeniens & d'Espagnols.
LA FORTUNE.
Troupe de Joueurs de différentes Nations, Suivans de la Fortune.
Troupe de Castelans & de Barquerolles.
LE CARNAVAL.
Troupe de Masques.

PROLOGUE.

Le Théatre représente une Salle où l'on doit donner un spectacle, tout y est encore en désordre, le lieu est plein de morceaux de bois & de décorations imparfaites, & l'on y voit quantité d'Ouvriers qui travaillent pour mettre tout en état.

SCENE PREMIERE.

UN ORDONNATEUR.

Hâtez-vous, préparez ces lieux,
Ne perdez pas des moments précieux.

LE CHOEUR.

Hâtons-nous, préparons ces lieux,
Ne perdons pas des moments précieux.

L'ORDONNATEUR.

Redoublez vos efforts, dépêchez, le tems presse;
Tout accuse vôtre lenteur,
On ne peut travailler avec assez d'ardeur
Quand au plaisir on s'interesse.

Hâtez-vous préparez ces lieux;
Ne perdez pas des moments précieux.

LE CHOEUR.

Hâtons-nous, préparons ces lieux,
Ne perdons pas des moments précieux.

L'ORDONNATEUR.

Quelle divinité s'empresse
A descendre des Cieux ?
Minerve paroît à nos yeux.

SCENE II.
MINERVE & L'ORDONNATEUR.
MINERVE.

Je quite sans regret la demeure immortelle,
   Pour venir en ce jour
   Dans une aimable Cour
Partager les plaisirs d'une fête nouvelle.

Mais quel désordre affreux regne de toutes parts ?
   Quelle main temeraire
   Ote à ces lieux leur éclat ordinaire ?
Est-ce ainsi qu'on prétend mériter mes regards ?

L'ORDONNATEUR.

Par nos soins empressez, par nôtre diligence,
Nous allons satisfaire à vôtre impatience :
   Hâtez-vous, préparez ces lieux,
Ne perdez pas des moments précieux.

LE CHOEUR.

   Hâtons-nous, préparons ces lieux,
Ne perdons pas des moments précieux.

MINERVE.

Pour atirer les yeux d'un grand Prince que j'aime,
   Vos soins me paroissent trop lents ;
   Retirez-vous, Ministres négligents,
   Je prétends m'employer moi-même.

Accourez, Dieux des Arts, embellissez ces lieux ;
   Qu'à ma voix vôtre ardeur réponde,
Servez le fils du plus grand Roi du monde,
   C'est un emploi digne des Dieux.

SCENE III.

Les Divinitez qui président aux Arts, la Musique, la Danse, la Peinture & l'Architecture viennent à la voix de Minerve avec leurs suivans, & élevent un Théatre magnifique.

LE CHOEUR.

SErvons le fils du plus grand Roi du monde,
C'est un emploi digne des Dieux.
Entrée de Genies qui président aux Arts.
UN SUIVANT *de la Musique.*
Qu'Amour dans nos fêtes
Fasse des conquêtes,
Où ce Dieu n'est pas
Trouve-t-on des apas ?

Venez cœurs sensibles,
Dans ces lieux paisibles,
Il garde pour vous
Les plaisirs les plus doux.
Qu'Amour, &c.

Il cause des larmes,
Des soins, des allarmes;
Mais, ses biens parfaits,
vengent de ses traits.
Qu'Amour, &c.

L'ORDONNATEUR
Les Dieux seuls en ce jour auront-ils l'avantage
De divertir le Maître de ces lieux ?
Entre les Mortels & les Dieux
Il faut que ce bien se partage.
L'ORDONNATEUR, *un Suivant de la Musique & un Suivant de la danse.*
Joignons nos voix, nos jeux & nos désirs,

Que l'on donne aux Mortels le foin de ses plaisirs;
Et dans le Temple de Mémoire,
Les Dieux prendront soin de sa gloire.

Les Genies des Arts recommencent leur danse.

MINERVE.

Jeunes cœurs échapez à la fureur de Mars,
Venez, venez de toutes parts,
Faire au champ de l'Amour les moissons les plus belles;
Venez-vous délasser de vos travaux guerriers,
Faites ici des conquêtes nouvelles,
Les myrtes quelquefois valent bien des lauriers.

Celebrez un Roi plein de gloire,
Ses travaux, vous ont fait un repos précieux.
Mille exploits éclatans consacrent sa mémoire,
Il sçait à ses drapeaux enchaîner la victoire,
La paix descend pour lui des cieux.

LE CHOEUR.

Celebrons un Roi plein de gloire,
Ses travaux nous ont fait un repos précieux.
Mille exploits éclatans consacrent sa mémoire,
Il sçait à ses drapaux enchaîner la victoire,
La paix descend pour lui des cieux.

MINERVE.

Vous qui suivez mes pas remplissez mon attente,
Montrez par les attraits d'un spectacle pompeux
Tout ce que Venise a de jeux
Dans la saison la plus charmante.

Fin du Prologue.

LE CARNAVAL DE VENISE,

BALLET.

ACTE PREMIER.

Le Théatre represente la Place S. Marc de Venise.

SCENE PREMIERE.

LEONORE.

J'Ai fait l'aveu de l'ardeur qui m'enflâme,
    L'amour a vaincu la fierté,
    Cet aveu qui m'a tant coûté,
D'un nouveau trouble agite encor mon ame.
    Amour, toi qui peux tout charmer,
    Pourquoi faut-il fous ton empire
    Qu'on ait tant de plaisir d'aimer,
    Et qu'on souffre tant à le dire ?

    Je cherche en vain de toutes parts,
Leandre ne vient point s'offrir à mes regards,

Depuis qu'il connoit ma foiblesse ;
Je ne voi plus le même empressement ;
Helas ! ce qui devroit animer un Amant,
Fait bien souvent expirer sa tendresse.

Amour, toi qui peux tout charmer,
Pourquoi faut-il sous ton empire
Qu'on ait tant de plaisir d'aimer,
Et qu'on risque tant à le dire ?

Isabelle paroît, un soudain mouvement
Augmente ma crainte fatale :
Ciel ! n'est-ce point une rivale ?
Ah ! qu'un cœur amoureux est jaloux aisément.

SCENE II.

ISABELLE & LEONORE.

ISABELLE.

Dans ces beaux lieux où tout enchante,
Je viens donner quelques moments
Aux jeux, aux spectacles charmans
Qu'ici la saison nous présente.

LEONORE.

Dans ces spectacles, dans les jeux
Ce n'est point cet éclat pompeux
Qui toûjours nous atire ;
Sous ce pretexte, dans ces lieux
L'amour prend soin de nous conduire
Pour y voir quelque objet qui nous plaît encor mieux.

ISABELLE.

Je ne veux point faire un mistere
De l'amour qui peut m'engager :
J'aime un jeune Etranger ;
Et je cherche en ces lieux l'objet qui m'a sçû plaire

LEONORE.
A vous faire un pareil aveu,
Cette confidence m'engage,
Et pour un Etranger j'ai senti naître un feu,
Que son cœur avec moi partage.

De ses tendres regards je me sens enchanter.
ISABELLE.
A ses discours flateurs je n'ai pû résister.
LEONORE.
Il m'aime d'un ardeur extrème,
Il m'a juré de m'aimer constament.
ISABELLE.
Le tendre Amant que j'aime,
M'a fait cent fois même serment.
LEONORE.
Aprenez-moi le nom de cet Amant fidele ?
ISABELLE.
Nommez-moi cet objet de vôtre amour nouvelle.
ENSEMBLE.
C'est Leandre. Qu'entens-je ? ô Dieux !
LEONORE.
Le Perfide :
ISABELLE.
L'Ingrat :
LEONORE.
Il faut briser nos nœuds,
Que mon dépit fasse éclater le vôtre,
Il nous abuse l'une ou l'autre.
ISABELLE.
Peut-être que l'Ingrat nous trompe toutes deux.
LEONORE.
Il vient, penêtrons dans son ame
Le secret de sa flâme.

B

SCENE III.

LEANDRE, ISABELLE & LEONORE.

ISABELLE.

Puis-je croire que vôtre cœur
Pour un autre que moi, soûpire ?

LEONORE.

Ingrat, ne m'as-tu pas mille fois ofé dire,
Que tu brûlois pour moi d'une sincere ardeur ?

LEANDRE.

Quand je vous vois enfemble,
L'Amour qui dans vos yeux, tous fes charmes raffemble,
Eft également triomphant ;
Entre deux beaux objets, qui tous deux fçavent plaire,
Le choix eft difficile à faire,
& l'un de l'autre me défent.

LEONORE.

Explique-toi fans artifice.

ISABELLE.

Il eft tems enfin de parler.

LEONORE.

Il ne faut plus diffimuler,

LEANDRE.

Quelle contrainte ! quel fuplice !
De vos tendres regards j'ai fonti les atraits,

Je vous aimai charmante Leonore ;
Mais des yeux plus puiffans encore,
Ont foumis mon cœur à leurs traits ;
C'eſt Iſabelle que j'adore,
Pour ne changer jamais.

LEONORE.

Ciel ! que viens-je d'entendre, & que ma peine eſt rude,
Oſes-tu déclarer ton infidelité !

ISABELLE.

En amour bien ſouvent un peu d'incertitude
Flate plus que la verité.

LEONORE.

Joüi de ta victoire orguëilleuſe Rivale,
Inſulte encor à mon malheur ;
Et toi perfide Amant, crois-tu voir dans mon cœur
Diffiper en regrets ma tendreffe fatale ?
Non, Ingrat ! je prétens que mon couroux égale
Et furpaffe encor mon ardeur.
Je veux qu'à ma vengeance offert en facrifice
L'un ou l'autre periffe,
J'en attefte le Ciel en ce funefte jour,
La haine vengera l'amour,

LEANDRE.

Que ces vains projets de vengeance
Ne fervent qu'à ferrer nos nœuds,

De divers Etrangers une troupe s'avance,
Ecoutons leurs concerts, prenons part à leurs jeux,

SCENE IV.

Une Troupe de Bohemiennes, d'Armeniens & d'Esclavons, avec des guittares, vient dans la Place S. Marc, prendre part aux plaisirs du Carnaval.

UNE BOHEMIENNE.

Amor, amor te'l giuro a fe,
Tuo crudo ſtral non fa più per me.

LE CHOEUR.

Amor, amor, te'l giuro a fe,
Tuo crudo ſtral non fa più per me.

UN ESCLAVON.

Lungi da me vagha beltà,
Non mi giovà la crudeltà,
Chi vuol ſoſpirar,
Può s'inamorar,
Amor non la voglio con te,
Laſcia mio core in libertà.

LE CHOEUR.

Amor, amor te'l giuro a fe,
Tuo crudo ſtral non fa più per me.

UN ESCLAVON.

Grata merce di conſtante fe,
Indarno vien a conſolar me,
Col foco non voglio più ſcerzar,
Amor per me gioco non è
Voglio rider, è non avvampar.

LE CHOEUR.

Amor, amor te'l giuro à fe
Tuo crudo ſtral non fa più per me.

TRADUCTION DES VERS
Italiens.

UNE BOHEMIENNE.

Amour je t'en donne ma foi,
Tes traits ne sont plus faits pour moi.
LE CHOEUR.
Amour je t'en donne ma foi,
Tes traits ne sont plus faits pour moi.
UN ESCLAVON.
Loin de moi severe Beauté,
Je renonce à la cruauté :
Qui voudra soûpirer s'enflâme,
Plus de commerce, Amour, fui, laisse dans mon ame,
Et le calme, & la liberté.
LE CHOEUR.
Amour je t'en donne ma foi,
Tes traits ne sont plus faits pour moi.
UN ESCLAVON.
En vain pour me flâter un peu,
La constance me montre un prix que je désire ;
L'on ne badine point en vain avec le feu,
L'Amour pour moi n'est pas un jeu,
Je ne veux point brûler si je puis, je veux rire.
LE CHOEUR.
Amour, je t'en donne ma foi,
Tes traits ne sont plus faits pour moi.

La Troupe continue les jeux, & danse la Villanelle

UNE MUSICIENNE *de la Troupe.*
Formons, s'il est possible,
Les plus doux concerts :
Ce séjour est paisible
Dans le sein des Mers.
LE CHOEUR.
Formons, s'il est, &c.

LA MUSICIENNE
Neptune plus tranquile,
Pour flater nos vœux,
Sert dans ce doux azile
De théatre aux jeux.
LE CHOEUR.
Formons, s'il est, &c.
LA MUSICIENNE.
Nous ressentons dans l'onde
Le flambeau d'amour,
Il est plus cher au monde
Que celui du jour.
LE CHOEUR.
Formons, s'il est, &c.
On recommence la danse.
UNE BOHEMIENNE.
Tout plaît, tout rit dans ce beau séjour,
Venus y tient sa brillante Cour.
LE CHOEUR.
Tout plaît, tout rit dans ce beau séjour,
Venus y tient sa brillante Cour.
UN ARMENIEN.
Dans ces beaux lieux remplis d'attraits,
L'Amour n'a que d'aimable traits,
Tout vient jeunes cœurs flâter vos desirs;
Si l'Hiver chasse les Zéphirs,
Il vous ramene les doux plaisirs.
LE CHOEUR.
Tout plaît, tout rit dans ce beau séjour;
Venus y tient sa brillante Cour.
L'ARMENIEN.
Malgré la glace & les noirs frimats,
Nous ressentons des feux pleins d'apas,
Et les jeux suivent par tout nos pas,
Quel Printems fait de plus beaux jours?
Au lieu de fleurs il naît des amours.

LE CHOEUR.
Tout plaît, tout rit dans ce beau séjour ;
Venus y tient sa brillante Cour.

SCENE V.
LEANDRE & ISABELLE.

LEANDRE.
Vous brillez à mes yeux d'une grace nouvelle,
Et je brûle pour vous d'une nouvelle ardeur :
La mere des amours ne fut jamais si belle,
Tout le feu de vos yeux a passé dans mon cœur.
ISABELLE.
Je crains une rivale, & mon ardeur fidelle
Me fait sentir de mortelles terreurs.
LEANDRE.
Ne craignez rien de ses fureurs.
ISABELLE.
Je crains plus de vôtre inconstance.
LEANDRE.
Ah ! que cette crainte m'offense,
ISABELLE.
Pourquoi vous offenser de la juste frayeur
Dont je sens les atteintes ?
Les troubles & les craintes,
Sont les premiers effets d'une naissante ardeur.
LEANDRE.
De ce tendre discours que mon ame est ravie !
ISABELLE.
D'un jaloux odieux, je crains la barbarie ;
Si nôtre amour éclatoit à ses yeux,
Rien ne pourroit calmer ses transports furieux.
LEANDRE.
L'Amour armé de la constance,
Ne crains ni rivaux ni jaloux :
Si nos cœurs sont d'intelligence ?

Rien n'est à redouter pour nous ?
D'un jaloux importun tromper la vigilance,
C'est goûter par avance
Ce que l'amour a de plus doux.
ISABELLE.
Brûlerez-vous pour moi d'une flâme sincere ?
LEANDRE.
Pouvez-vous vous connoître, & me le demander ?
ISABELLE.
La conquête d'un cœur est plus aisée à faire,
Qu'elle n'est facile à garder.
LEANDRE.
Bannissez ces allarmes,
Rendez le calme à vôtre cœur,
Vos beaux yeux & vos charmes,
Vous répondront de mon ardeur.
ENSEMBLE.
Goûtons sans nous contraindre,
Les plaisirs les plus doux,
Ah ! que pouvons-nous craindre,
Si l'Amour est pour nous ?

Fin du premier Acte.

ACTE II.

Le Théatre représente la Salle des Reduits de Venise, qui est un lieu destiné pour le Jeu pendant le Carnaval.

SCENE PREMIERE.

RODOLPHE seul.

Vous qui ne souffrez point les peines
Qui déchirent les cœurs jaloux ;
Quel que soit le poids de vos chaines,
Amants que vôtre sort est doux !

Deux Tyrans dans mon cœur exercent leur furie;
  L'Amour, le tendre Amour
  Y fait naître la jaloufie,
Et mes jaloux tranfports, par un cruel retour,
Y font mourir l'amour qui leur donna la vie.

  Vous qui ne fouffrez point les peines
  Qui déchirent les cœurs jaloux,
  Quel que foit le poids de vos chaînes,
  Amants que vôtre fort eft doux!

SCENE II.

LEONORE, RODOLPHE.

LEONORE.

Malgré toute l'ardeur qui regne dans vôtre ame,
 On vous féduit, on trahit vôtre flâme.
RODOLPHE.
Ah! je m'en doutois bien, & mes foupçons jaloux,
 M'en avoient inftruit avant vous.
LEONORE.
 Un autre Amant fans réfiftance,
 Remporte le prix le plus doux,
 Que méritoit vôtre conftance.
RODOLPHE.
Nommez-moi feulement le Rival qui m'offenfe,
 Et laiffez agir mon couroux.
LEONORE.
 L'affront eft égal entre nous:
 Je veux partager la vengeance.

Un ingrat me juroit de vivre fous mes loix,
Je me flatois de ce bonheur extrême,
On fe laiffe aifément tromper, par ce qu'on aime,
Lorfque l'on eft trompé pour la premiere fois.

A ce perfide Amant Isabelle a sçû plaire;
Et Leandre à ses yeux......
RODOLPHE.
O Ciel! que dites-vous!
ENSEMBLE.
Que l'Amour dans nos cœurs se transforme en colere;
Vengeons-nous, hâtons nos coups;
La vengeance qu'on differe,
Perd ce qu'elle a de plus doux.
LEONORE.
Et toi sors de mon cœur, indigne & foible reste
D'une impuissante ardeur,
Ne me parle plus en faveur
D'un perfide que je déteste.
RODOLPHE.
J'étoufferai la voix d'une pitié funeste
Qui crie en vain dans le fond de mon cœur.
ENSEMBLE.
Que l'Amour dans nos cœurs se transforme en colere;
Vengeons-nous, hâtons nos coups,
La vengeance qu'on differe
Perd ce qu'elle a de plus doux.
RODOLPHE.
Rien ne peut s'opofer à mon impatience;
Allons, courons à la vengeance.

SCENE III.

LA FORTUNE *paroît suivie d'une Troupe de Joüeurs de toutes Nations.*
CHOEUR *de Suivants de la Fortune.*

Suivons tous d'une ardeur fidelle;
C'est la Fortune ici qui nous apelle,
Son pouvoir peut combler nos vœux,
Tous les biens volent autour d'elle,
C'est elle qui nous rend heureux.

LA FORTUNE.

Je suis fille du sort, inconstante & légere,
 Tout fléchit sous ma loi.
De tous les Dieux que le monde revere,
 Quel autre a plus d'encens que moi ?

 Je traîne à mon char la victoire,
Je brise, quand je veux, des trônes éclatants ;
 Et je puis à tous les instants,
Par quelque évenement, éterniser ma gloire.

 Venez implorer mon secours,
 Amants qu'un triste sort acable.
Je fais naître à mon gré le moment favorable,
 Que sans moi l'on attend toûjours.

Entrée de Suivants de la Fortune.

UN MASQUE.

 De tes rigueurs,
 Ni de tes faveurs,
 Fortune inconstante,
Je ne crains rien, rien ne me tente;
 Tout ton pouvoir
Ne fait ni ma crainte, ni mon espoir.

 Le bien qui peut enchanter mon ame
 Est de brûler d'une constante flâme,
 Et d'allumer de semblables feux.
  Deux yeux
  Touchants,
  Charmants,
 Elevent mon sort aux Cieux ;
 Sans cesse je les implore.
  Je les adore,
Ce sont mes Rois, ma fortune, & mes Dieux.

SCENE IV.

Le Théatre change, & représente une vûe de plusieurs Palais ou Balcons. Le reste de l'Acte se passe pendant la nuit.

RODOLPHE. *seul.*

De ses voiles épais, la nuit couvre les cieux.
Je sçais que mon rival dans l'ardeur qui le presse,
Doit ici par ses chants exprimer sa tendresse,
Pour l'observer, cachons-nous en ces lieux.
RODOLPHE se retire dans un coin du Théatre.

SCENE V.

LEANDRE *conduisant une Troupe de Musiciens pour donner une Serénade à Isabelle.*

Doux charme des ennuis, & des peines pressantes,
  Favorable Divinité,
  Sommeil ! qui dans la faussété
  De tes illusions charmantes,
  Nous fait goûter la vérité
  De cent douceurs les plus touchantes,
  Viens verser sur cette beauté
De tes pavots les vapeurs les plus lentes,
  Et fait que son cœur enchanté
Joüisse du repos que ses yeux m'ont ôté.

Les Musiciens se joignent à Léandre, & chantent le Trio Italien qui suit

TRIO ITALIEN.	TRADUCTION.
Luci belle, dormite,	Dormez beaux yeux, dormez sans craintes,
Deh ! per pietà un momento cessate	
Con i dardi	Et cessez un moment avec vos traits vainqueurs
Di vostri sguardi	
Di rinovar al cor le mie ferite.	De renouveller les atteintes, Dont vous percez les cœurs.

LEANDRE *apercevant quelqu'un au Balcon d'Isabelle.*
L'Amour me favorise, & je vois dans ces lieux
 Une clarté nouvelle.
 N'en doutez point mes yeux,
 C'est l'Aurore, ou c'est Isabelle.

SCENE VI.

ISABELLE sur le Balcon.

Mi dice la speranza	L'Espérance me dit que nos peines mortelles
Ch'il tormento	
In contento	Se changeront en des plaisirs charmants;
Si cangera	Parmi les épines cruelles,
Tra le spine n'ascosa	On voit les roses les plus belles;
Si trovà la rosa	L'Amour doit triompher au milieu des tourments.
Fra le pene amor trionferà.	

LEANDRE.

Quelle félicité peut égaler la mienne ?

 Il faut quitter ce lieu charmant ;
 Un jaloux s'endort avec peine,
 Mais il se réveille aisément.

SCENE VII.

RODOLPHE *sortant du lieu où il étoit caché.*

JE me suis fait trop long-tems violence,
Je ne puis plus cacher mes transports furieux;
 Où donc est cet audacieux ?
 Mais il fuit en vain ma présence ;
Avant que le Soleil paroisse dans ces lieux,
 Les Ministres de ma vengeance,
Eteindront dans son sang ses feux injurieux.

SCENE VIII.

ISABELLE.

ISABELLE *croyant parler à Leandre.*

JE cede à mon impatience,
Et tandis que la nuit triomphe encor du jour,
Cher Leandre, je viens conduite par l'Amour,
Vous dire de mes feux toute la violence.

Quel plaisir de tromper & les soins & les yeux
D'un jaloux importun, qui m'obsede en tous lieux.

Que je le hais ! que son amour me gêne !
Rien n'est comparable à la haine
Que je ressens pour ce jaloux,
Que l'amour violent, dont je brûle pour vous.

RODOLPHE.
Ingrate,

ISABELLE.
Ah Ciel !

RODOLPHE.
Ma voix t'étonne :
Je sçai les trahisons où ton cœur s'abandonne.

ISABELLE.
Si le sort trahit vôtre espoir,
C'est à vous qu'il faut vous en prendre,
Pourquoi cherchez-vous à sçavoir
Ce qu'on ne veut pas vous aprendre ?

RODOLPHE.
O Dieux !

ISABELLE.
Ne m'aimez plus, rompez, rompez des nœuds
Qui ne sçauroient vous rendre heureux.

RODOLPHE.
Puis-je briser la chaîne qui m'accable ?
Mon cœur par vos attraits s'est trop laissé charmer.
Si vous ne voulez pas m'aimer,
Souffrez du moins que je vous trouve aimable.

Je veux vous adorer malgré moi, malgré vous,
J'espere que le tems rendra mon sort plus doux.

ISABELLE.
Dans mes yeux vous avez pû lire
Le sort que vous gardoit mon cœur :
Jamais d'aucun regard flateur
Ai-je entrepris de vous séduire ?
Ah ! quand on ressent quelque ardeur,
Les yeux sont-ils si long-tems à le dire ?

RODOLPHE.
Pour rendre le calme à mes sens,
Et pour payer l'amour dont mon ame est atteinte,
Dites que vous m'aimez, trompez-moi, j'y consens,
Cette fausse pitié, cette cruelle feinte
Peut-être calmeront les tourments que je sens.

ISABELLE.
C'est une peine quand on aime
D'avoüer un penchant qu'on trouve plein d'apas ;
Ce seroit un suplice extrême
De déclarer des feux que l'on ne ressent pas.

RODOLPHE.
Mon tendre amour de vôtre haine
Ne sera-t-il jamais victorieux ?
Vous gardez le silence, insensible, inhumaine.

ISABELLE.
L'aurore va paroître, il faut quiter ces lieux.

SCENE IX.

RODOLPHE seul.

Pour trouver un Amant qu'en vain ton cœur adore,
La nuit n'a point d'horreur pour toi,
Et tu crains avec moi
Le retour de l'Aurore.
Va, cours chercher ce rival odieux,
Qui de ton cœur s'est rendu maître,
Tes mépris trop injurieux
Etouffent tout l'amour que j'ai pris dans tes yeux ;
Mais mon juste dépit te fera bien connoître,
Que si je sçais aimer, je haïs encore mieux.

Fin du second acte.

ACTE III.

Le Théatre represente une Place de Venise, environnée de Palais magnifiques, où se rendent quantité de canaux couverts de gondoles.

SCENE PREMIERE.

LEONORE seule.

Transports de vengeance & de haine,
Succedez à l'Amour qui regnoit dans mon cœur
Mon Ingrat va périr, & sa mort est certaine,
Peut-être en ce moment une main inhumaine...
Je tremble.... je fremis d'horreur ;

Barbares.... arrêtez.... vôtre fureur est vaine ;
L'Ingrat, que vous percez, cause encore ma langueur.

Transports de vengeance & de haine
Ne chaſſez point l'amour qui flatte encore mon cœur.
Mais, il vit pour un autre ! une pitié ſoudaine
Doit-elle s'opoſer à mon dépit vengeur ?
Miniſtres, qui ſervez le courroux qui m'entraîne,
Frapez.... & qu'en mourant cet Infidéle apreñne,
Que je l'immole à ma fureur.
Tranſports de vengeance & de haine ;
Succedez à l'amour qui regnoit dans mon cœur.

SCENE II.

RODOLPHE, LEONORE.

RODOLPHE.

A La fin vous êtes vengée :
J'ai ſervi le juſte tranſport
De nôtre tendreſſe outragée ;
Vôtre Ingrat ne vit plus, & mon Rival eſt mort.

LEONORE.

Il eſt mort ! juſtes Dieux ! ma bouche impitoyable
A prononcé l'Arrêt de ſon trépas.
Qu'ai je fait, malheureuſe, helas !

RODOLPHE.

Il ne vit plus ! & le Ciel redoutable,
S'il reſpiroit encor, ne le ſauveroit pas.

LEONORE.

Tu l'a ſouffert, ô Ciel ! & ta main équitable
Ne punit point ces attentats :
Que fais-tu ? qui retient ton bras ?
Lance ta foudre épouvantable
Sur ce traître ou ſur moi fais voler ces éclats ;
Tu ne ſçaurois manquer de fraper un coupable.

ENSEMBLE.

LEO...... C'eſt-toi qui lui perces le cœur.
RODOL.... C'eſt vous qui lui percez le cœur.

C

LEONORE.
Cruel, dis-moi quel est son crime?
RODOLPHE.
Vous demandiez une victime,
ENSEMBLE.
LEO...... Devois-tu croire mon ardeur?
RODOL.. Deviez-vous armer ma fureur?
LEO....... C'est toi qui lui perces le cœur.
RODOL.... C'est vous qui lui percez le cœur.
RODOLPHE.
Calmez les déplaisirs dont vôtre ame est saisie,
Pour oublier leur perfidie
Aimons-nous, unissons nos cœurs;
Et qu'un amour formé de nos communs malheurs,
Soit le fruit de la jalousie.
LEONORE.
Que je m'unisse à toi,
Monstre sorti de l'infernal empire!
Va.. fui.. je fremis d'effroi,
Que le jour que je vois,
Que l'air que je respire,
Me soient communs avec toi.

SCENE III.

RODOLPHE.

LAissons de ses regrets calmer la violence,
On entend un bruit de réjoüissance.
Mais le parti victorieux
Du combat que le peuple a donné dans ces lieux,
Vient montrer sa réjoüissance.

Allons faire sçavoir à l'Objet qui m'offense
Un trépas dont son cœur sera saisi d'effroi.

Je perd le prix de ma vengeance,
Si l'Ingrate l'aprend d'un autre que de moi.

SCENE IV.

Divertissement de Castelans & de Barqueroles avec le fifre & le tambourin.

Les Castelans & les Nicolotes sont deux partis oposez dans Venise qui donnent pendant le Carnaval, pour divertir le Peuple, un combat à coups de poings, pour se rendre maître d'un Pont. Le parti victorieux se promene dans toute la Ville, avec des cris de joye, & des aclamations publiques.

UN CHEF DE CASTELANS.

Nous triomphons sur les eaux, sur la terre,
Nous mêlons dans nos jeux l'image de la guerre :
 Mêlons aussi dans ce beau jour,
 Qui nous comble de gloire,
  Des chansons d'amour
  Aux champs de victoire,
  Des chansons d'amour
  Au son du tambour.

LE CHOEUR.

Nous triomphons sur les eaux, sur la terre,
Nous mêlons dans nos jeux l'image de la guerre,
 Mêlons aussi dans ce beau jour,
 Qui nous comble de gloire,
  Des chansons d'amour
  Aux champs de victoire,
  Des chansons d'amour
  Au son du Tambour.

Des CASTELANS *& des* CASTELANES *témoignent par leur Danse la joye qu'ils ont de leur victoire.*

UNE CASTELANE.
Entre la crainte & l'espérance,
Sur le sein de Neptune on est à tous moments ;
L'empire de l'amour n'a pas plus de constance,
Et l'on y voit floter sans cesse les Amants,
Entre la crainte & l'espérance.

Le parti victorieux recommence sa Danse.

UN BARQUEROLE.
Embarquez-vous,
Amants, sans faire résistance.
Embarquez-vous,
L'empire de l'amour est doux.
C'est une Mer toûjours sujete à l'inconstance,
Que quelque orage à tout moment vient agiter ;
Malgré ces maux le calme de l'indifference
Est encor plus cent fois à redouter.

Entrée de Gondoliers & de Gondolieres.

LE CHOEUR,
Tout rit à nos désirs,
Ne songeons qu'aux plaisirs ;
Que le vent gronde,
Que la Mer souleve les flots,
Que le Ciel en feu leur réponde ;
Nous goûtons ici le repos.

SCENE V.

ISABELLE *seule.*

Mes yeux, fermez-vous à jamais,
Ou ne vous ouvrez plus que pour verser des larmes.

Le jour est pour moi désormais
Un sujet de peine & d'allarmes.

Mes yeux, fermez-vous à jamais,
Ou ne vous ouvrez plus que pour verser des larmes.

Je suis coupable de vos charmes,
J'ai trop fait briller vos attraits,
Et je veux par les mêmes armes
Me punir des maux que j'ai faits.
Mes yeux fermez-vous à jamais,
Ou ne vous ouvrez plus que pour verser des larmes.

Mais que servent, helas! ces regrets superflus ?
Cher Leandre tu ne vis plus,
Quand tu descends pour moi dans la nuit éternelle,
Doit-il m'être permis de voir encor le jour ?
Non, non, pour me rejoindre à cet Amant fidéle,
La plus affreuse mort me paroîtra trop belle.
Et ce fer doit ouvrir un chemin à l'Amour.

Elle tire son filet pour s'en fraper.

SCENE VI.

LEANDRE, ISABELLE.

LEANDRE *lui arrêtant le bras.*

Ciel! que voulez-vous entreprendre

ISABELLE.
Dois-je en croire mes yeux ? est-ce vous, cher Leandre ?

LEANDRE.
Quelle aveugle fureur vous arrache le jour,

ISABELLE.
Le bruit de vôtre mort causoit seul mes allarmes,
Mon sang versé mieux que mes larmes
Vous alloit prouver mon amour.

LEANDRE.
Quoi! vous mourriez pour moi ? Dieux! quelle Barbarie!
De vôtre sort hâtoit le cours ?

Helas ! toute ma vie
Ne vaut pas un seul de vos jours.

Un jaloux que la rage anime,
Vient de faire éclater son barbare couroux,
Il a porté les mains sur une autre victime,
Et la nuit & l'amour m'ont sauvé de ses coups.

ISABELLE.

Je revois enfin ce que j'aime,
L'excès de mon bonheur, peut-il se concevoir ?
Je crains que le plaisir extrême,
Que je sens à vous voir,
Ne fasse sur mes jours, l'effet du desespoir.

LEANDRE.

Vivons pour nous aimer, vivons malgré l'envie,
Nous triomphons des Jaloux & du sort ;
Que nôtre crainte soit suivie,
Du plus tendre transport.
Aimez-moi, tout vous y convie :
Si vous vouliez donner vôtre sang à ma mort,
Helas ! que pouriez-vous refuser à ma vie ?

ENSEMBLE.

Suivons nos doux emportemens,
Aimons-nous d'une ardeur nouvelle,
Quand l'Amour au jour nous rapelle,
Nous lui devons tous nos momens.

LEANDRE.

Fuyons un lieu funeste, à de tendres Amants.

ISABELLE.

Je fais mon bonheur de vous suivre,
Je vous allois chercher dans le sein du trépas ;
Lorsque pour moi, l'Amour vous fait revivre,
Qui pouroit m'empêcher de voler sur vos pas ?

LEANDRE.

On doit donner au Peuple en ce jour favorable,
Un spectacle où d'Orphée on retrace la Fable,
Un Bal pompeux doit suivre ces plaisirs;
Le tumulte & la nuit serviront nos désirs.
         Je vais en ce lieu vous attendre;
Un Vaisseau par mes soins dans le port va se rendre
Pour nous porter en des climats plus doux,
Où nous pourrons braver la fureur des jaloux
Et gouter les douceurs de l'Himen le plus tendre.

Pendant que les violons joüent l'entre-Acte, on voit descendre un Théatre fermé d'une toile qui occupe toute l'étenduë du premier. Ce qui reste d'espace jusqu'à l'Orqueste contient plusieurs rangs de Loges, pleines de differentes personnes, placées pour voir un Opera.

Fin du troisiéme Acte.

ORFEO	ORPHE'E
n'ell Inferi.	aux Enfers.
OPERA.	OPERA.
PERSONAGGI	ACTEURS.
PLUTONE.	PLUTON.
ORFEO.	ORPHE'E.
EURIDICE.	EURIDICE.
UN OMBRA.	UN OMBRE.
Coro di numi infernali.	Troupe de Divinitez infernales.
Coro di foletti.	Troupe d'Esprits folets.

ORFEO N'ELL INFERI

OPERA.

Il Theatro rapresenta la Regia di Plutone.

SCENA PRIMA.

PLUTONE fra Numi Infernali.

Tartarei Numi, all'armi, all'armi.

CORO.

All'armi, all'armi.

PLUTONE.

Un Mortal insolente,
Al dispetto della sorte,
Passa vivo nel regno d'ella morte.
Per turbar mi,
All'armi, all'armi.
Freme il Tartaro,
Geme l'Erebo,
Stride Cerbero.
Tartarei Numi,
All'armi.

CORO.

All'armi, all'armi.

Si sente Zinphonia pianissima.

PLUTONE.

Ma qual nuova armonia?
Qual soave Zinfonia
D'al cor di Plutone
L'ira depone.

ORPHÉE AUX ENFERS,
OPERA.

Le Théatre représente le Palais de Pluton.

SCENE PREMIERE.

PLUTON, *au milieu d'une Troupe de Divinitez infernales.*

Dieux des Enfers, aux armes.
LE CHOEUR.
Aux armes, aux armes.
PLUTON.
Un Mortel insolent, malgré la loi du sort,
Dans les royaumes de la mort,
Descend encor vivant, & cause mes allarmes,
Aux armes, aux armes.
Le Tartare fremit,
L'Erebe gemit,
Cerbere mugit.
Dieux des Enfers, aux armes.
LE CHOEUR.
Aux armes, aux armes.
On entend une Simphonie très-douce.
PLUTON.
Mais, quels chants remplis de douceur ?
Quelle douce Harmonie,
Chasse la barbarie,
D'un cœur comme le mien ouvert à la fureur ?

SCENA II.

ORFEO, PLUTONE.
ORFEO.

Dominator d'ell' ombre,
Al tuo soglio Amor m'invita;
Euridice è morta,
Ahi! dure pene.
O toglie mi la vita,
O rende mi al mio ben.

PLUTONE.

Troppo da te si prega,
Ma se amor lo vuol Pluto nol nega.
Parti: ma con tal patto,
Che non miri Euridice,
Sin ch' al regno del giorno.
Il varco ti sia fatto.

SCENA III.

ORFEO.

Vittoria mio cuore,
Ha vinto amore,

Il riso, il canto,
Al duol succede,
Al dolce incanto,
D'un vagho ciglio l'Inferno cede.

Seque il Ballo de Numi infernali & Spirti folletti.

SCENA IV.

Un Ombra fortunata.

Al' lampo.

D'un bel volto resista chi puo,
Penetra il Ciel un vagho sembiante,

SCENE II.
ORPHE'E, & PLUTON.
ORPHE'E.

Puissant Maître des ombres,
A ton trône enflâmé, l'Amour conduit mes pas,
La charmante Euridice, helas!
A passé les rivages sombre;
Rends-moi cet Objet plein d'apas,
Ou par pitié, donne-moi le trépas.

PLUTON.
Plus loin que ton espoir, tu portes ta demande;
Mais Pluton y consent, si l'amour le demande,
Pars, sors du ténébreux séjour:
Mais je prétens qu'une loi s'accomplisse,
Ne regarde point Euridice,
Que tu ne sois rendu dans l'empire du jour.

SCENE III.
ORPHE'E.

Mon cœur, chantez vôtre victoire,
L'Amour est couronnée de gloire,

Les ris & les chants,
A la douceur succédent,
Les Enfers cédent,
Aux charmes des doux yeux touchants.

Entrée de Divinitez infernales & d'Esprits folets.

SCENE IV.
Un Ombre heureuse.

Soûtienne qui pourra les traits & les éclairs,
Qu'on voit partir d'un beau visage;
La Beauté dans les Cieux, trouve un aisé passage;

E dell' Inferno stesso s'apre le porte.
Si ricomincia il Ballo.

SCENA V.

EURIDICE.

Per piacer al mio ben,
 Amori volate mi in se
Fugite Martiri;
Fugite sospiri,
Non più turbar dell' alma il bel seren.

SCENA VI.

ORFEO, EURIDICE.
ORFEO, passa senza mirar Euridice.

EURIDICE.
Deh! per pietà mira, Orfeo, chi t'adora.
ORFEO guardando Euridice.
Euridice, mio ben ti vedo ancora!

SCENA VII.

PLUTONE, ORFEO, EURIDICE.
PLUTONE.

Fugi temerario,
 Già che del decreto mio;
Violasti la fè
Qui rimanga Euridice.

ORFEO.
Oh Dio!

PLUTONE.
Sù ch'un diligente stuol
Porti quel perfido,
A riveder il suol;
Così Pluto lo vuol.

Et se fait même ouvrir les portes des Enfers.
On recommence la danse.

SCENE V.

EURIDICE.

Pour plaire à l'objet qui m'enflâme,
  Amour, volez tous dans mon ame,
Fuyez ; peines, soûpirs, ne revenez jamais,
De mon cœur amoureux, interrompre la paix.
On recommence.

SCENE VI.

ORPHE'E & EURIDICE.
ORPHE'E, passe sans regarder Euridice.
EURIDICE.
Jette, Orphée, un regard sur celle qui t'adore.
ORPHE'E regardant Euridice.
Chere Euridice, enfin je vous revois encore !

SCENE VII.

PLUTON, ORPHE'E, & EURIDICE.
PLUTON.

Va fui loin de mes yeux,
  Mortel trop téméraire,
    Puisque des Dieux,
  Tu violes l'Arrêt sevére ;
Qu'Euridice reste en ces lieux.

ORPHE'E.

O Dieux !

PLUTON.

  Qu'une troupe rapide,
  De Démons empressez,
Dans l'empire des airs, reporte ce Perfide ;
  Pluton commande, obéïssez.

ORFEO.
O rigor! ò crudeltà!
EURIDICE
Crime d'amore merta pietà.

Demoni portano Orfeo.

SCENA VIII.

PLUTONE.

Voi per fugar sua noia.
Spirti d'Averno mostrate la gioia.

Si canti, si goda,
Si balli, si rida,
Non si parli di dolor,
Dou'è splende la face d'amor.

CORO.
Si canti, si goda,
Si balli, si rida,
Non si parli di dolor,
Doue splende la face d'amor.

FIN.

ORPHE'E.
Quelle rigueur pitoyable !
EURIDICE.
Un crime de l'Amour, n'est-il point pardonnable ?
Les Démons enlevent Orphée.

SCENE VIII.

PLUTON.

Esprits infernaux en ce jour,
Pour chasser le chagrin qui la presse,
Riez, chantez, dansez, montrez vôtre allégresse,
Qu'on ne parle plus de tristesse,
Où brille le flambeau d'Amour.

LE CHOEUR.

Rions, chantons, dansons, montrons nôtre allégresse,
Qu'on ne parle plus de tristesse,
Où brille le flambeau d'Amour.

FIN.

LE BAL
DERNIER DIVERTISSEMENT.

Le Théatre represente une Salle magnifique, préparée pour donner le Bal.
Le Carnaval paroît conduisant une Troupe de Masques de differentes Nations.

LE CARNAVAL.

L'Hyver a beau s'armer d'Aquilons furieux,
Et fixer des torrens la course vagabonde,
En vain, ses noirs frimats pour attrister le monde,
Dérobent le flambeau qui brille dans les Cieux.
Si-tôt que je parois, je bannis la tristesse ;
J'ouvre la porte aux jeux, aux festins, à l'amour ;
A mon départ le plaisir cesse,
Et pour mieux s'y livrer, on attend mon retour.

Vous qui m'accompagnez, montrez vôtre allégresse ;
Par vos jeux, par vos chants, célébrez ce beau jour.
Les Masques commencent un Bal serieux.
LE CARNAVAL.
Je veux joindre à ces jeux, une nouvelle danse,
    Venez aimables enjouëments,
Redoublez en ces lieux nôtre réjoüissance,
    Par de nouveaux déguisements.
En ce tems de plaisir, le plus beau sage s'oublie,
    Et permet un peu de folie.

On tire un rideau, & l'on voit arriver du fond du Théatre un Char magnifique, traîné par des Masque Comiques, rempli de figures de même caractere, qui se mêlent en dansans, avec les masques serieux.

LE CARNAVAL.
Chantez, dansez, profitez des beaux jours,
L'heureux tems des plaisirs, ne dure pas toûjours.
LE CHOEUR.
Chantons, dansons, profitons des beaux jours,
L'heureux tems des plaisirs ne dure pas toûjours.
LE CARNAVAL.
La raison vainement voudroit vous interdire,
    Dés passe-tems si doux,
    Les moments que l'on passe à rire,
    Sont les mieux employez de tous.
LE COEUR.
    Les moments que l'on passe à rire,
    Sont les mieux employez de tous.

Permis d'imprimer. A Dijon le vingt-troisième Février 1722.
Signé BURTEUR.

www.ingramcontent.com/pod-product-compliance
Lightning Source LLC
Chambersburg PA
CBHW060522050426
42451CB00009B/1120